BEI GRIN MACHT SICH IHR
WISSEN BEZAHLT

- Wir veröffentlichen Ihre Hausarbeit,
  Bachelor- und Masterarbeit

- Ihr eigenes eBook und Buch -
  weltweit in allen wichtigen Shops

- Verdienen Sie an jedem Verkauf

Jetzt bei www.GRIN.com hochladen
und kostenlos publizieren

Judith Wölfel

Zur Bedeutung von Naturerfahrungen für die kindliche Entwicklung

GRIN Verlag

Bibliografische Information der Deutschen Nationalbibliothek:

Die Deutsche Bibliothek verzeichnet diese Publikation in der Deutschen National-
bibliografie; detaillierte bibliografische Daten sind im Internet über http://dnb.d-
nb.de/ abrufbar.

Impressum:

Copyright © 2011 GRIN Verlag GmbH
Druck und Bindung: Books on Demand GmbH, Norderstedt Germany
ISBN: 978-3-656-35156-6

Dieses Buch bei GRIN:

http://www.grin.com/de/e-book/207604/zur-bedeutung-von-naturerfahrungen-
fuer-die-kindliche-entwicklung

GRIN - Your knowledge has value

Der GRIN Verlag publiziert seit 1998 wissenschaftliche Arbeiten von Studenten, Hochschullehrern und anderen Akademikern als eBook und gedrucktes Buch. Die Verlagswebsite www.grin.com ist die ideale Plattform zur Veröffentlichung von Hausarbeiten, Abschlussarbeiten, wissenschaftlichen Aufsätzen, Dissertationen und Fachbüchern.

Besuchen Sie uns im Internet:

http://www.grin.com/

http://www.facebook.com/grincom

http://www.twitter.com/grin_com

Philipps-Universität Marburg

FB 21: Institut für Sportwissenschaft und Motologie

Seminar: Bewegungshandeln und Erfahrung

WS 2010 / 2011

Hausarbeit

Zur Bedeutung von Naturerfahrungen für die kindliche Entwicklung

Verfasst von:

Inhaltsverzeichnis

1 Einleitung

Laut einer Studie verbringen Kinder täglich bis zu vier Stunden in digitalen Fantasie-welten, 80% von ihnen besitzen einen eigenen Fernseher (Brämer, 2006). Dadurch dass Kinder in einer Konsum- und Medienwirtschaft aufwachsen, fehlen ihnen echte Erfahrungen, sog. „Primärerfahrungen" (Lang, S. 17). Statt selbst unmittelbare Erleb-nisse zu erfahren, sammeln Kinder ihre Sekundärerfahrungen vor dem Fernseher oder PC. Sie identifizieren sich mit den dargestellten Idealfiguren, jedoch fehlt ihnen hier die Möglichkeit, Einfluss auf die Handlung zu nehmen. Die o.g. Primärerfahrun-gen sind jedoch unabdingbare Voraussetzung für die Ausbildung eines gesundes Ichs und eines starken Selbstwertgefühls. Stattdessen finden sich Kinder von einem voll gepackten Terminkalender völlig überfordert. Was von den Eltern gut gemeint war, verhindert vielmehr, dass sich das Kind spontanen Interessen widmen kann oder sich beim freien Spielen austoben kann. Dies wiederum führt dazu, dass Kinder zusehends weniger in der Lage sind, sich selbstständig zu beschäftigen. Kommt Langeweile auf, wird kurzer Hand der Fernseher eingeschaltet. Doch auf der Suche nach der eigenen Persönlichkeit brauchen Kinder Herausforderungen und Span-nung, um eigene Grenzen kennen zu lernen.

Darin liegt die Chance der Abenteuer- und Erlebnispädagogik. Sie schafft intensive Erlebnisse und fördert durch eine Vielzahl an Möglichkeiten das Selbstbewusstsein. Diese haben von sich aus einen ausgeprägten Entdeckersinn. Doch bei Film und Computerspielen fehlen sinnliche Wahrnehmungen und zugleich das Gefühl, selbst etwas leisten zu können (Lang, 1992).

Die Abenteuer- und Erlebnispädagogik stellt hingegen den Kindern und Jugendlichen reale Anforderungen, ihre Entscheidungen werden unmittelbar umgesetzt und er-möglichen ein Lernen aus den Konsequenzen, die bestimmte Handlungen mit sich bringen (Fischer, Klawe, Thiesen, 1985)

Im Folgenden soll nun näher auf den Erfahrungsbegriff eingegangen werden. Darauf aufbauend schließen Übersichten über Naturerfahrungen von Kindern von heute an sowie die Möglichkeiten der Abenteuer- und Erlebnispädagogik, Kindern Naturerfah-rungen wieder näher zu bringen. Dies soll am Beispiel des Kletterns genauer erläu-tert werden. Abschließend wird auf die Bedeutung von Naturerfahrungen für die kind-liche Entwicklung eingegangen und ein Fazit gezogen.

2 Der Erfahrungsbegriff – Ein Defintionsversuch

2.1 Zur Wortbedeutung von „Erfahrung"

Was bedeutet das Wort „Erfahrung" aus etymologischer Sicht? Zunächst einmal kommt das Verb „erfahren" von „fahren", meint also eine Ortsbewegung. Das Wort „fahren" findet sich zudem in „Gefahr" wieder, meint also das, was einem während einer Fahrt widerfährt. Eine Reise war im ursprünglichen Sinne immer mit etwas Negativem behaftet, mit Gefahren, die man währenddessen bewältigen musste und deswegen in Erinnerung blieb. Dabei ist jedoch das „Erfahrung machen" keinesfalls ein aktiver Vorgang, vielmehr kann man nicht beeinflussen, wann eine Erfahrung gemacht werden kann. Es ist keine Tätigkeit, sondern ein Ausgeliefertsein an die Geschehnisse (Bollnow, 1974).

2.2 Defintionsansätze von „Erfahrung"

„Ein Gramm Erfahrung wiegt mehr als eine Tonne Theorie." (Dewey, 1986, S.193) Dewey unterscheidet zwei Bestandteile der Erfahrung. Die aktive Komponente umschließt das Ausprobieren oder den Versuch, während die passive Seite geprägt ist von Erleiden und Hinnehmen. Zwischen dem handelnden Subjekt und dem Gegenstand, auf den eingewirkt wird, entsteht eine Wechselwirkung, was allerdings noch keine Erfahrung ausmacht. Erst wenn die durch das Handeln entstandene Veränderung auf das Subjekt zurück wirkt, kann ein Lernprozess initiiert werden.

Wichtiger Bestandteil der Erfahrung ist nach Bollnow die Schmerzhaftigkeit. Man kann nicht beeinflussen, wann man eine Erfahrung macht und da sie dadurch überraschend sind, sind sie stets schmerzhaft. Dies bedeutet, dass Erfahrung und enttäuschte Erwartung untrennbar zusammenhängen. Eine Erfahrung kann also nur stattfinden, wenn etwas entgegen der eigenen Erwartung gelaufen ist. Dies ist aber nicht die einzige Bedingung, die an die Erfahrung gebunden ist.
Erfahrung muss demnach immer etwas unangenehmes sein. Daher grenzt er die Begriffe „Erfahrung" und „Erlebnis", wobei letzteres eine positiv erlebte Situation beschreibt, voneinander ab. Wissen und Erfahrung sind ebenfalls zwei völlig voneinan-

der sich unterscheidende Begriffe. Jemand, der viel weiß, verfügt nicht automatisch auch über viel Erfahrung.

Ebenso wichtig ist es, dass eine bestimmte Situation zum wiederholten Male stattfindet, sodass man aus dieser Regelmäßigkeit auf eine Gesetzmäßigkeit schließen kann. Beispielsweise lernt ein Kind das Meiden bestimmter Konstellationen, wie beispielweise das Berühren einer heißen Herdplatte erst nach wiederholten Berührungen.

Der Zufall spielt eine weitere wichtige Rolle. Erfahrungen sind nicht planbar, man gewinnt sie erst im Nachhinein, wenn man eine Lehre aus der Situation zieht (Bollnow, 1974).

Nach Dieckmann (1994) ist der Mensch das einzige Lebewesen, das fähig ist, Erfahrungen zu machen und sich dadurch die Welt anzueignen. Erfahrungen sind dabei völlig subjektiv, keiner kann gleiche Erfahrungen wie ein anderer machen. Erfahrung und Lernen gehören unmittelbar zusammen. Man lernt aus einer bestimmten Situation, ähnlich wie bei Dewey, wenn eine Erwartung enttäuscht wurde und man sich nun aus seinen vorher zurechtgelegten Handlungsmustern trennen muss und dadurch seine Fähigkeiten erweitert. Ebenso kann Erfahrung auch als Bildungsprozess verstanden werden. Erfahrung ist reflexiv, d.h. unmittelbar mit der Erfahrung sind Bewusstwerdung, Selbsterkenntnis und Bildung verknüpft. All unser Wissen haben wir durch Erfahrungen, die also als Basis aller Lernprozesse angesehen werden können. Dieses Lernen aus Erfahrung kann jedoch nicht absichtlich erfolgen, beispielsweise lernen wir am meisten durch plötzliche, einschneidende Erlebnisse, die Strukturen unserer Persönlichkeit von Grund auf ändern können. Neben Vernunft und Verstand gehören auch Sinneswahrnehmungen und Impressionen zur Ausbildung von Erfahrung.

3 Natur und Kinder heute

3.1 Jugendreport Natur 2006

In der Studie von Rainer Brämer (2006) wurde untersucht, wie Kinder und Jugendliche die Natur heute erfahren. Dafür wurden die Naturbeziehungen von über 2.200 Studienteilnehmern untersucht. Zentrales Ergebnis war, dass vielen Jugendlichen elementare Naturerfahrungen fehlen, jedoch nicht für alle Jugendlichen die Natur ein fremder Raum darstellt, da dieser bei den meisten innerhalb weniger Fußminuten erreicht werden könnte.

Beispielsweise gab ein Viertel der Befragten im Alter von 12 und 15 Jahren an, noch nie ein Reh in freier Wildbahn beobachtet zu haben und ein Drittel hat noch nie einen Bach gestaut. Zudem haben acht von 10 der Befragten die Auffassung, keine Käfer oder Würmer in die Hand nehmen zu dürfen, da dies ihrer Meinung nach verboten sei. Erklärt wird die allgemein erkennbaren Defizite an Naturerfahrungen mit der schwindenden Lust an der Natur. Die Reize, die die Natur bietet, werden von technischen Medien überboten. Je spektakulärer dementsprechend die Naturerfahrungen ausfallen, desto mehr Jugendliche fühlen sich angesprochen. So gehören für viele Jugendliche Nachtwanderungen oder Übernachtungen im Zelt zu Klassen- oder Vereinsfahrten dazu.

Brämer betont in seiner Studie den Zusammenhang zwischen Naturinteresse und Naturschutz. So sei es wichtig, Jugendliche für die Natur zu begeistern, da sich damit verbunden das Bewusstsein für Naturschutz automatisch entwickle. Diese Gruppe von Jugendlichen verbringe auch gleichzeitig weniger Zeit vor dem Computer.

3.2 Das kindliche Bedürfnis nach Abenteuer, Spannung und Risiko

Kinder fallen durch ihre explorative Neugier und ihrem Drang nach Autonomie auf. Ebenso können Abenteuer nicht nur gelesen, sondern auch aktiv erlebt werden. Grundvoraussetzung dafür ist es, die Sicherheit und Routine des Alltags aufzugeben und im Vertrauen auf die eigenen Fähigkeiten zukommende Aufgaben zu bewältigen versuchen. Erst durch das Verlassen des Vertrauten kann Neues entstehen. Notwendige Entscheidungen, die eine Krise bewältigen lassen, lassen den Akteur Autonomie erfahren (Becker, 2005).

Ab einem Alter von etwa sechs Jahren beginnen Kinder, zu erkunden, wie die Welt funktioniert. Dabei kann man verschiedene Grundthemen unterscheiden, die mit Abenteuerwelten verknüpft sind und für die Kinder im Grundschulalter besonders wichtig sind. Ein zentrales Thema in dieser Altersgruppe ist das der „Jäger und Sammler". Kinder fangen an, beispielsweise kleine Tiere zu fangen oder Gegenstände mit Gleichaltrigen zu tauschen. Im Wald äußert sich dies im Versuch, einer Tierfährte zu folgen oder in der Beliebtheit von Schnitzeljagden, bei denen verschiedene Hinweise gesammelt werden müssen. Hinzu kommt der Wunsch, sich ein „Haus" zu bauen, was im Wald durch umfangreich vorhandenes Baumaterial leicht möglich ist. Angetrieben von ihrem Wissensdurst und dem Interesse am Funktionieren von Dingen, können sich Kinder dafür begeistern, diese auseinanderzubauen oder selbst zu konstruieren. Damit eng verbunden ist die Faszination am Sägen, Schnitzen oder Töpfern. Diese vier Grundthemen werden oftmals in der Gemeinschaft mit Gleichaltrigen durchlebt (Lang, 1992).

Der Wald ist ein geeigneter Ort, kindlichen Bedürfnissen nach Abenteuer gerecht zu werden. Er lädt ein zum Entdecken und hält hinter jedem Baum so manche Überraschung bereit. Der Wald eignet sich besonders gut für die Bedürfnisse von Kindern, weil er fast unbegrenzt ist und sie darin ohne Rücksicht auf Zerbrechliches toben und auch laut sein können. Die Regeln, die die Kinder einschränken, sind im Wald überschaubar. Spielen Kinder gemeinsam im Wald, gibt es hier mehr Anlässe, über die man mit den anderen kommunizieren kann als beispielweise bei Brettspielen, da die Regeln immer wieder neu geklärt werden müssen (Berthold & Ziegenspeck, 2002).

4 Naturerfahrung und die Bedeutung für die kindliche Entwicklung

4.1 Naturerfahrungen mit Hilfe der Abenteuer- und Erlebnispädagogik

Grundidee der Abenteuer- und Erlebnispädagogik ist es, die mächtige Natur als Herausforderung anzusehen und sich mit ihr bewältigend auseinander zu setzen. Mit ihrer Hilfe soll die Autonomie der Teilnehmer gestärkt werden, indem diese sich mit ihren Gefühlen auseinander setzen. Gefühle wie bspw. die Angst entstehen im Angesicht der mächtigen Natur, die sie zu bewältigen versuchen und dadurch ein Gefühl der Überlegenheit gewinnen können. Häufig wird als Aufgabe der Abenteuer-und Erlebnispädagogik die Vermittlung sogenannter „Schlüsselkompetenzen" verstanden. Dazu zählen Teamgeist, Entscheidungs- oder Konfliktfähigkeit. Ursache dieser Defizite ist nach Becker die Konsumhaltung, der Verlust der Sinne oder die Verregelung des Alltags (Becker, 2001).

Bei Kindern äußern sich diese Defizite in Form von Entwicklungs-, Wahrnehmungs- und Bewegungsstörungen sowie Verhaltensauffälligkeiten. Aufgrund von virtuellen Scheinwelten erhalten Kinder nur noch Erfahrungen über ihre visuell-auditiven Sinne. Die Nutzung aller Sinne ermöglicht jedoch erst das Begreifen von Zusammenhängen und Orientierung in der Welt (Kutsch, 2005).

Die Abenteuer- und Erlebnispädagogik ermöglicht es ihren Teilnehmern, Gruppenerfahrungen in einer fremden Umwelt zu sammeln, sich mit nicht alltäglichen Lebensweisen auseinanderzusetzen oder eingeschliffene Verhaltensweisen, wie bspw. Medienkonsum als Kompensation schulischer oder familiärer Probleme, zu reflektieren. Sie können sich von ihren Handlungsmustern trennen, wenn sie mit Hilfe der Abenteuerpädagogik vor reale Herausforderungen gestellt werden, die Entscheidungen verlangen und Konsequenzen nach sich ziehen.

Werden bisweilen Aktivitäten von Kindern und Jugendlichen kritisch betrachtet, so können sie mit Hilfe von Pädagogen über ihren bisherigen Erfahrungsraum hinausgehen ohne in lebensbedrohliche oder gesellschaftlich sanktionierte Situationen zu kommen (Fischer, Klawe & Thiesen, 1985).

4.2 Naturerfahrung am Beispiel des Kletterns

Dewald, Mayr und Umbach (2005) beschreiben in ihrem Buch das Klettern als pädagogische Möglichkeit, mit Kindern unterwegs zu sein und ihnen damit einen neuen Erfahrungsraum zur Verfügung zu stellen. Da Kindern Klettern als Herausforderung ansehen, dessen Ziel offenkundig in der Durchsteigen einer bestimmten Route liegt, kann es für sie gar nicht schnell genug gehen, den Gurt anzulegen. Die Autoren betonen jedoch, den Naturraum Fels nicht als bloßes Mittel zum Zweck verkümmern zu lassen.

Klettern kann nur mit Hilfe eines Partners erfolgen. Vertrauen und Verantwortung sind das A und O. Vertraut der Kletternde dem Sichernden nicht völlig, wird er sich kaum hoch hinaus wagen. Mindestens genauso wichtig ist die Kommunikation der beiden Seilpartner. Spricht der Kletternde offen seine Schwierigkeiten an, stärkt dies die Beziehung der beiden und resultiert in gegenseitiger Wertschätzung. Treffend vergleichen die Autoren das Seil mit einem Telefonkabel, über das kommuniziert werden kann. Da Kommunikation und Vertrauen eine derart wichtige Rolle spielen, sollten die Kinder ihren Partner selbst aussuchen dürfen. Doch auch die gesamte Gruppe kann beim Klettern miteinbezogen werden. Gibt es beispielsweise für alle Teilnehmer eine schwierige Stelle im Fels, kann gemeinsam eine Strategie zur Bewältigung dieser Schlüsselstelle erarbeitet werden.

Klettern ermöglicht nicht nur Kindern zweierlei Erfahrungsmöglichkeiten: Zum einen kann das Nichtbewältigen einer Route zur Einsicht führen, dass die eigenen Kräfte noch nicht ausreichen und ein erneuter Versuch angestrebt werden könnte. Andererseits kann das Bewältigen einer vorher scheinbar unüberwindbaren Stelle das eigene Selbstbewusstsein steigern. Diese Erfahrungen könnten Kinder vor dem PC nicht sammeln.

Nach Becker (2003) geht von krisenhaften Aktivitäten wie bspw. dem Klettern, das mit einem möglichen Verlust des Gleichgewichts verbunden ist, ein hoher Aufforderungscharakter aus. Kinder und Jugendliche setzen sich also eigentätig mit Herausforderungen auseinander, sodass keine Steuerung von außen oder Motivation durch den Pädagogen nötig ist. Aufgabe des Pädagogen sollte daher sein, die Anreize zur Auseinandersetzung an die Situation selbst abzugeben. Dadurch wird selbstverantwortliches Handeln eingefordert und spielerisch erfahrbar gemacht.

4.3 Erfahrung und Bewegung zur Förderung kindlicher Entwicklung

Dewey kritisiert, dass in Schulen nur dahingehend unterrichtet wird, den Schülern Kenntnisse zu vermitteln. Dem Körper und damit dem Bewegungsdrang wird keine Beachtung geschenkt. Vielmehr beharren Lehrer darauf, die körperliche Aktivität der Schüler zu unterdrücken, indem sie auf Ruhe und Haltung beharren (Dewey, 1994). Dass dies nicht folgenlos bleibt, soll im Folgenden aufgezeigt werden.

4.3.1 Motorische Entwicklung

Der natürliche Bewegungsdrang von Kinder äußert sich im Krabbeln, Laufen oder Springen. Da Kinder aber ihrem natürlichem Drang nach Bewegung bspw. in der Schule nicht mehr nachkommen können, zeigen sich vielerlei Defizite in der Entwicklung der Grob- und Feinmotorik. Weitere Folgen sind Probleme mit dem Gleichgewicht, Rückenschäden oder Fußdeformationen. Kinder sitzen vormittags stundenlang in der Schule und nachmittags zu Hause über den Hausaufgaben, ihre Freizeit verbringen sie vermehrt ebenfalls im Sitzen, sei es bei Computer- oder Konsolenspielen. Der Wald bietet daher die Möglichkeit, Bewegungserfahrungen ohne Zäune oder Verkehr zu sammeln. Kinder können auf Bäume klettern, über Baumstämme balancieren, barfuß in Bächen stapfen und ungezwungen spielen (Bertholdt & Ziegenspeck, 2002).

Beim Spielen bevorzugen Kinder Dinge, die erstens erkennbar reagieren, zum Zweiten komplex sind und schließlich eine hohe Varietät aufweisen. Dies ist bei vielen Naturphänomenen der Fall (Gebhard, 2001).

Pädagogische Programme sollen daher Kindern ermöglichen, sich körperlich auf die Welt einzulassen, um sie und sich aktiv erfahren zu können. Deshalb ist die Aufgabe des Pädagogen, sich von standardisierten Programmen zu lösen und herauszufinden, welche Herausforderungen von Kindern als solche wahrgenommen werden und diese nicht überfordern. Möglichkeiten und Voraussetzungen ihrer Zielgruppe sollten abgeglichen werden um zu verhindern, dass Neugier und Autonomie des Kindes eingeschränkt werden. Kindern soll die Möglichkeit gegeben werden, sich körperlich auf die Welt einzulassen, um sie aktiv erfahren zu können (Becker, 2003).

4.3.2 Soziale Entwicklung

Worin liegen soziale Entwicklungsmöglichkeiten von Naturerfahrungen? Beim Entdecken und Beobachten von Tieren lernen Kinder beispielsweise, sich gegenseitig mitzuteilen und dem anderen zuzuhören. Durch stilles Beobachten entwickeln die Kinder auch Verantwortungsbewusstsein der Natur gegenüber und fühlen sich mit der Natur verbunden. Im Alltag der Kinder gibt es kaum Freiräume, ihr Bedürfnis nach Spannung, Abenteuer und Risiko auszuleben, da fast alles fest geregelt ist. Im Wald können sie hingegen verschiedene Erfahrungen sammeln und sich dazu in Gruppen zusammen schließen. Dies ermöglicht ihnen, die Welt und sich selbst näher kennen zu lernen, eigene Grenzen zu erfahren, gibt ihnen aber auch die Möglichkeit, diese zu erweitern (Berthold & Ziegenspeck, 2002).

Fehlen diese Möglichkeiten, kann dies soziale Defizite hervorrufen. Deswegen sind Kinder auf elementare Dinge wie Wasser, Dreck oder Büsche angewiesen, um bestimmte soziale Grundleistungen zu erlernen, wie bspw. das Zugehörigkeitsgefühl zu einem bestimmten Ort (Gebhard, 2008).

4.3.3 Psychische Entwicklung

Unerlässlich sind Naturerfahrungen für die psychische Entwicklung von Kindern. Wichtig ist für die Entwicklung nicht nur der Kontakt zu Gleichaltrigen, sondern auch zu ihrer nichtmenschlichen Umwelt. Natur ist für Kinder vielerlei: Erfahrungsraum, Anreiz, Herausforderung, Bezugspunkt und Heimat.

Der Doppelcharakter der Natur macht diese besonders attraktiv. Zum einen ist Natur sowohl reizvoll als auch spannend, beispielsweise gestaltet sie sich durch ihre Vielfalt an Formen, Materialien und Farben jeden Tag neu, zum anderen vermittelt sie das Gefühl der Vertrautheit. Dafür muss die Natur nicht zwangsweise von Pädagogen zur Verfügung gestellt werden, auch Brachflächen und unerschlossene Räume bieten Anregungsmöglichkeiten.

Was macht Naturerfahrungen nicht nur reizvoll für Kinder, sondern auch wertvoll? Es ist zum einen das große Maß an Freiheit, ohne die Kinder seelisch verkümmern können. Beim Spielen in der Natur erleben Kinder Unkontrolliertheit, das subjektive Gefühl von Freiheit und können ihren Bedürfnissen nach Abenteuer und Wildnis nachgehen. Desweiteren bevorzugen Kinder Dinge, die gekennzeichnet sind von einer erkennbaren Reaktion, einem gewissen Maß an Komplexität und einer hohen Varietät. Diese Kriterien werden besonders von Naturphänomenen erfüllt. Wie eingangs erwähnt, sind Kinder einer besonders hohen Reizüberflutung ausgesetzt: Lärm, Verkehr und Medien führen nicht selten zu nervösen Symptomen. Doch gleichzeitig sind vor allem Großstädten von Reizarmut betroffen. Ihnen fehlt eine reizvolle Spielumwelt, bspw. das Spielen auf Brachflächen. Die Natur kann hier stimulierende Erlebnisse bieten, bspw. die Vielfalt an Reizen bei wechselnden Lichtspielen oder Gerüchen bei gleichzeitiger Instabilität und ständiger Veränderung. Diese Verschiedenartigkeit regt zudem die Fantasie der Kinder an. Natur vermittelt Verlässlichkeit und Sicherheit und ermöglicht es, Kindern ihrem Wunsch nach Vertrautheit nachzukommen und bietet ihrer Neugierde den entsprechenden Erfahrungsraum (Gebhard, 2008).

5 Fazit

Kinder wollen von sich aus wissen, wie die Welt funktioniert. Mit Hilfe von Erwachsenen, seien es Eltern oder Pädagogen, können sie altersgemäße Erfahrungen sammeln und legen dadurch Wissen als Erfahrungsschatz an. Sind Kopf, Hand und Herz daran beteiligt, gelingt dies am besten (Kutsch, 2005).

Denn erst durch das Begreifen der Welt, kann der Mensch sind in ihr kompetent und selbstbewusst bewegen. In der Auseinandersetzung mit der Natur lernen Kinder auch mit schwierigen Situationen umzugehen, die sie nicht beeinflussen können, wie beispielsweise dem Wetter oder der Tageszeit, die sich nicht zurückdrehen lässt (Berthold & Ziegenspeck, 2002).

Natur tut Kindern gut. Naturräume wie bspw. der Wald bieten Kindern zahlreiche Möglichkeiten, durch Naturerlebnisse Erkenntnisse zu vermitteln, die Kinder dazu befähigen, sich in ihrer gesamten Persönlichkeit, d.h. im emotionalen, sozialen, psychomotorischen und kognitiven Bereich, weiterzuentwickeln. Die Abenteuer- und Erlebnispädagogik kann dabei unterstützend eingreifen, da sie unmittelbare Erfahrungen ermöglicht und Kinder und Jugendliche dadurch aufgefordert werden, ihre Bedürfnisse umzusetzen. Ebenso können sie ganzheitliche Lebenserfahrungen sammeln sowie aus Konsequenzen eigenen Handelns lernen, deren Schlüsse sich tief in ihrem Gedächtnis verankern. Dem kindlichen Drang nach Abenteuer kommt die Abenteuer- und Erlebnispädagogik mit Hilfe von der gemeinsamen Bewältigung von Aufgaben entgegen und bietet dadurch eine Erfahrungsmöglichkeit, die weder lebensbedrohlich oder gesellschaftlich sanktioniert wird (Fischer, Klawe & Thiesen 1985).

6 Literaturverzeichnis

Becker, P. (2001). Vom Erlebnis zum Abenteuer. *Sportwissenschaft, 31*, S. 3–16.

Becker, P. (2003). Die Neugier des Odysseus und ihre Folgen: Abenteuerliche Bewegungspraktiken als bildungsrelevanter spielerischer Umgang mit Krise und Routine. *Sportwissenschaft, 33*, S. 123-142.

Becker, P. (2005). *Das Abenteuer als Kategorie der Bildung. In:* Bildungstheoretische Grundlagen der Bewegungs- und Sportpädagogik, S. 227-249. Schneider Verlag: Baltmannsweiler.

Berthold, M., & Ziegenspeck, J. W. (2002). *Der Wald als erlebnispädagogischer Lernort für Kinder.* Lüneburg: Edition Erlebnispädagogik.

Bollnow, O. F. (1974). *Was ist Erfahrung?*
http://www.otto-friedrich-bollnow.de/doc/Erfahrung.pdf (29.03.11)

Brämer, R. (2006). *Natur obskur: Wie Jugendliche heute Natur erfahren.* München: Oekom Verlag.

Dewald, W., Mayr, W., & Umbach, K. (2005). *Berge voller Abenteuer: Mit Kindern unterwegs.* München: Ernst Reinhardt.

Dewey, J. (1986). *Erziehung durch und für Erfahrung.* Stuttgart: Klett-Cotta.

Dieckmann, B. (1994). *Der Erfahrungsbegriff in der Pädagogik.* Weinheim: Deutscher Studienverlag.

Fischer, D., Klawe, W., & Thiesen, H.-J. (1985). *(Er-)Leben statt Reden: Erlebnispädagogik in der offenen Jugendarbeit.* Weinheim: Juventa Verlag.

Gebhard, U. (2001). *Die Bedeutung von Naturerfahrungen in der Kindheit.*
http://www.spiellandschaft-bremen.de/download/c1095/Vortrag%20Gebhard %20M%C3 %BCnchen.pdf (30.03.11)

Kutsch, I. (2005). *Kinder brauchen Natur-Erfahrungen: Vom Wiederentdecken des Ursprünglichen.* http://www.spielundzukunft.de/www.spielundzukunft.de/index.php?StoryID=1494 (28.03.11)

Lang, T. (1992). *Kinder brauchen Abenteuer. Kinder sind Kinder: Vol. 13.* München: Ernst Reinhardt.